HISTOIRE CONTEMPORAINE

Portraits et Silhouettes au XIX* siècle

HAVIN

PAR

EUGÈNE DE MIRECOURT

PARIS

CHEZ ACHILLE FAURE, ÉDITEUR

18, RUE DAUPHINE

Et chez tous les Libraires de France et de l'Étranger

—

1867

HAVIN

MIRECOURT. — TYP. DE L.-PH COSTET ET Cie

Chavin

HAVIN

I

Dans les dernières pages de la notice consacrée à l'homme de Caprera, nous signalions une analogie frappante entre le caractère du chef des chemises rouges et le directeur du *Siècle*, feuille universellement répandue dans les cabarets de France et en estime profonde chez les buveurs de bière et les culotteurs de pipe.

Nous disions que M. Havin, comme Garibaldi, n'était ni un méchant homme,

1.

ni un cœur déloyal ; mais qu'il ne devait
pas moins être considéré, au point de
vue politique, comme un personnage
dangereux, en ce sens que l'esprit et le
jugement ne sont développés chez lui
que dans une limite excessivement res-
treinte. Il brandit une plume soi-disant
libérale, comme le sabreur italien brandit sa patriotique rapière ; il se lance
tête baissée dans les opinions saugre-
nues, dans les propagandes impossibles
et démoralise les classes inférieures en
croyant servir l'humanité.

Toujours comme Garibaldi, ce *minus
habens* honnête, ce fléau bonhomme,
mange du prêtre avec un appétit vorace,
prêche une éternelle croisade contre
Rome et le clergé, cuisine la Révolution
nuit et jour et la fait avaler au peuple sous
toutes les formes et à toutes les sauces.

Mais la spécialité du commerce de papier noirci qu'il a cru devoir entrepren-
dre, et grâce auquel il est devenu riche

à millions, consiste principalement à attaquer l'Église.

Il y apporte la plus déplorable persistance.

Son but de prédilection est de démolir par tous les moyens licites ou illicites le pouvoir temporel du Saint-Père.

Ce terrible publiciste est si pressé de donner Rome pour capitale au royaume d'Italie, qu'il ne déploierait pas une ardeur plus grande s'il était payé pour cela.

On le voit tripoter sans gêne, avec un air tout à fait candide et un calme de conscience ravissant, les articles irréligieux, les doctrines matérialistes, les principes démoralisateurs. Il les distribue dans son journal, à raison de *quinze centimes* le numéro, vaillamment, quotidiennement, sans trève ni relâche, aux masses populaires qui absorbent le tout de confiance.

Elles justifient le proverbe : « Dans le royaume des aveugles les borgnes sont rois », et prennent le directeur du *Siècle*, son compère Louis Jourdan et son premier gargotier la Bédollière , pour des hommes de première force.

Il y a vraiment de quoi bondir de stupeur et d'épouvante, lorsqu'on songe que le journal de ces messieurs, tiré chaque soir à un nombre prodigieux d'exemplaires , est distribué chaque matin, à Paris et en province, dans une infinité de lieux publics, où les amateurs de la chope, du vin bleu, de l'eau-de-vie ou de l'absinthe viennent absorber la morale et la politique havinesques, comme une agréable et bienfaisante liqueur.

Tous les maroufles du demi-savoir, tous les petits bourgeois inintelligents et stupides, tous les vandales en blouse qui encombrent les cafés et les tavernes, tiennent conseil autour de la feuille qui leur sert d'oracle.

Ils jugent les autorités civiles et religieuses sur la foi de l'article de fond,

se désopilent la rate aux plaisanteries
indécentes, aux anecdotes scandaleuses,
au fatras perpétuel de bourdes et de tur-
pitudes qu'enfante cette périodicité mal-
saine.

L'esprit bourrelé de sottises, le sens
moral perdu, ces judicieux lecteurs se
croient plus avancés dans le progrès que
tous ceux auxquels une loi quelconque
leur enjoint d'obéir.

Ils en remontrent à M. le maire, font
la nique à M. le curé, traitent de cagots
ceux de leurs compatriotes qui vont à la
messe, et, au moindre trouble politique,
ils sont prêts à semer partout le désordre et à traiter l'État comme ils traitent
la Religion.

En attendant, ils souscrivent à la statue de Voltaire, — de Voltaire, ce mons-
tre d'impiété que M. Havin ose choisir
pour patron, et qui, à la face de notre
société chrétienne, vient d'être proclamé
l'idole immonde du journal qu'il dirige.

II

Ces quelques lignes d'avant-propos nous ont paru indispensables.

A présent nous entrons en matière.

Nos esprits forts nient le péché originel. Assurément l'autocrate du *Siècle*, en sa qualité de général d'une phalange de libres-penseurs, combat cette croyance avec plus d'énergie que personne, sans se douter qu'il la confirme aussi manifestement que possible.

Environ dix années avant la naissance de Léonor Havin, monsieur son père, fanatique violent, poussé par l'orgueil et l'ambition jalouse, beaucoup plus que par le sentiment du juste, avait soulevé comme tant d'autres révolutionnaires, — uniquement dans son intérêt personnel et pour amener le triomphe du tiers-état sur la noblesse, — toutes ces questions de réforme brutale qui brisèrent les rouages de la machine politique, au lieu de les aider à fonctionner.

M. Havin père, élu député de sa province, appuya les empiétements pleins d'insolence de l'Assemblée nationale. On le vit agir de concert avec les démagogues les plus rageurs.

Il siégea sur les bancs de la Convention et vota la mort du roi, sans sursis.

Rentré dans ses foyers, notre conventionnel régicide eut un fils, auquel il inculqua naturellement, dès le berceau, les principes qui avaient réglé sa propre existence.

Léonor-Joseph Havin est né en 1799.

Allaité au biberon démocratique, il apprit à lire dans le catéchisme républicain, étudia de bonne heure les droits de l'homme, adopta l'évangile de Robespierre de préférence à celui du Christ, détesta profondément les rois et les prêtres comme le noble auteur de ses jours, et voulut, à l'âge de dix-sept ans, partager l'exil du vieux conventionnel, que la Restauration expulsait de France, avec tous ceux des bourreaux de Louis XVI qui existaient encore.

Les études de Léonor-Joseph avaient été plus que négligées ; il ne put suivre utilement aucune carrière libérale.

Nous le trouvons à Caen, dans les années qui précèdent 1830, affilié à une jeunesse imbécile qui insultait les missionnaires, lançait le blasphème et le sarcasme sur le parcours des processions, et bravait la police, en attendant l'heure de prêter main forte à l'armée déjà nombreuse du libéralisme, qui entourait le trône d'un cercle menaçant.

Il faut dire néanmoins que Léonor ne tarda pas à rompre avec ces jeunes énergumènes de l'impiété provinciale.

Revenant à Saint-Lô, il administra son patrimoine et prit l'attitude d'un de ces hommes graves et presque solennels, que la bourgeoisie moderne, — je parle

de la bourgeoisie émancipée en 89, —
faisait naître dès lors pour l'édification
de ce siècle : hommes curieux, sages en
apparence, vernis d'une couche de morgue propre à dissimuler leur ineptie,
ayant le flair matériel d'une grande fi-
nesse, prévoyant l'avenir lorsqu'ils en
espéraient du bénéfice, comprenant surtout une chose et la comprenant bien,
— c'est que leur règne était venu, et
qu'une position de fortune indépendante,
jointe au levier du cens électoral, allait,
à une heure donnée, remplacer pour eux
à coup sûr le mérite et le talent.

III

La révolution de juillet trouva Léonor-Joseph dans les meilleures conditions
possibles pour l'honorer de sa confiance.
Au lieu d'être un obstacle à son avan-

cement politique, le souvenir de son père.
lui servit de marchepied.

« Il fut, dit le *Dictionnaire des
Contemporains*, un des délégués des
provinces de l'Ouest chargés d'éclairer le
gouvernement provisoire sur les besoins
et les vœux des départements. »

Donc voilà Léonor-Joseph passé du
premier coup à l'état de flambeau.

Bien plus, notre homme fut considéré
tout d'abord à Paris comme un personnage et se trouva fixé sur une base assez ferme.

Tous les vieux de 93, lions édentés,
mais qui pouvaient rugir encore et jeter
la terreur à droite ou à gauche, étaient
bien accueillis du nouveau pouvoir.

On rognait leurs griffes en les cares-
sant.

Les honneurs, les dignités pleuvaient
sur eux et l'on poussait leur progéniture
aux emplois.

Quelques biographes affirment qu'une

charge importante fut proposée, à cette époque, au fils du conventionnel, qui la refusa. C'est possible. Seulement les mêmes biographes ont tort de présenter ce refus comme un acte héroïque de désintéressement et de vouloir faire un homme de Plutarque de Léonor-Joseph, — qui ne demanderait pas mieux, je le sais bien, — mais la vérité de l'histoire ne permet pas de lui accorder cette légère satisfaction.

Notre homme avait en Basse-Normandie certain domaine qui, privé de sa surveillance directe et sans organisation préalable, aurait produit un chiffre de non-valeurs au moins égal à celui des honoraires de la charge qui lui était offerte.

D'autre part, il songeait que la nef gouvernementale, ballottée par tant de souffles contraires, pouvait sombrer encore et l'entraîner dans le naufrage.

En conséquence il répondit :

« — Je ne suis pas assez mûr pour les emplois supérieurs. Nommez-moi tout simplement juge de paix à Saint-Lô. »

Le gouvernement de juillet admira ce caractère modeste, accorda la place demandée et ne comprit en aucune façon l'apologue. M. Havin n'ignorait pas qu'il allait tirer de son refus un large profit.

On le porta, dès l'année suivante, à la députation. Nul écueil ne fit échouer sa candidature.

Il régla ses affaires, arrondit sa fortune par un riche mariage et vint siéger à la Chambre dans le voisinage d'Odilon Barrot, son ami, dont il accepta les principes politiques, se dispensant ainsi d'en avoir qui lui fussent propres.

En s'appuyant sur un autre, il se préservait, sinon des faux pas, du moins de certains tâtonnements dont ses collègues auraient pu rire.

L'aveugle avait trouvé son bâton.

Bien que député, Léonor-Joseph conserva sa place de juge de paix jusqu'en 1835. Il tenait à ne perdre aucune des influences locales, pour mieux assurer sa réélection, qui eut lieu, du reste, sans le moindre obstacle.

Il fut, en outre, porté au conseil général de la Manche et conserva longtemps cette position, en dépit de plusieurs ministres qui, pour le punir de donner des gages à leurs adversaires, voulurent plus d'une fois le déposséder.

Odilon Barrot, dont il continuait à être le reflet imperturbable, le fit nommer secrétaire de la Chambre en 1839.

Mais, en 1842, M. Guizot culbuta Léonor-Joseph et le fit descendre du bureau.

Ce procédé lui déplut souverainement. Quand on ne parle pas, ou quand on parle mal, ces fonctions de scribe donnent une contenance pendant les délibérations. Elles permettaient d'ailleurs au dé-

2.

puté de la Manche d'honorer de temps
à autre son guide législatif d'un alinéa
gracieux dans le *Moniteur*, au sujet
de quelque diatribe plus ou moins élo-
quente.

A dater de ce jour, il vota rarement
pour le ministère.

IV

Sans peser sur l'opinion de M. Barrot,
qui était trop orgueilleux pour tenir
compte d'un avis donné directement par
un de ses inférieurs en éloquence et en
mérite, Léonor-Joseph trouvait moyen
néanmoins de le surexciter de plus en
plus chaque jour contre la politique con-
servatrice de M. Guizot.

Il avait soin de se mettre à la piste de
toutes les histoires de corruption, de toutes les lâchetés d'un système qui céd it
aux exigences de l'Europe et sacrifi..t
l'honneur national pour ne pas se cré :

des embarras ; il recueillait les anecdotes que la sévérité des lois sur la presse empêchait les journalistes de publier, les accusations qu'ils tenaient secrètes et dont ils avaient les preuves, apportait le tout au terrible Odilon et contribuait à faire éclater ses plus formidables tonnerres oratoires.

Si M. Barrot était le chef de l'opposition, son collègue en était un des porte-drapeau les plus intrépides.

Ceux qui nient l'intelligence de M. Havin ne lui refusent ni le courage ni l'entêtement.

S'il est à cheval par hasard sur une idée droite, il l'éperonne avec vigueur ; mais s'il enfourche une idée bossue, il va tout de même au galop, patauge dans l'ornière, éclabousse les passants, ne s'inquiète ni de l'indignation qu'il excite, ni du dégoût qu'il soulève, suit les chemins les plus rocailleux et s'embourbe dans les plus profonds marécages de l'absurde.

Malheureusement pour lui, c'est presque toujours sur une de ces dernières montures qu'on le voit en selle.

Il aimait la dynastie d'Orléans malgré les tours pendables qu'il jouait aux ministres de Louis-Philippe, et, tout aussi aveugle qu'Odilon Barrot, il ne vit pas que la réforme électorale allait aboutir à un casse-cou révolutionnaire.

Le 9 juillet 1847, il assistait à la grande manifestation réformiste du Château-Rouge.

Presque aussitôt, pour obéir aux ordres de son chef, il s'en alla dans sa province organiser le système des banquets, fit crier *Vive la Réforme* aux bonnes gens de Thorigny, comme à tout le département de la Manche, et resta penaud le jour où il entendit proclamer la République.

Non qu'il eût peur de cette forme de gouvernement.

« — La République, — eh ! mon père

couchait avec elle ! » disait-il, avec le tact douteux et la délicatesse négative qui le caractérisaient alors, et qu'il a conservés pour apanage.

Mais il n'était pas rassuré du tout contre le socialisme et les *partageux*.

Il fut longtemps inquiet pour la sacoche raisonnablement gonflée qu'il possède. On assure même qu'il ne s'est fourré aussi ouvertement dans un nid républicain que pour tenir la corde et sauver sa fortune et sa personne, le jour où il y aura péril en la demeure. Il s'imagine que les frères et amis n'oseront jamais piller le sanctuaire du *Siècle*.

Ce fol espoir dénote une faiblesse de jugement peu commune.

Si M. Havin n'a pas d'autre raison pour patronner les ignominies de son journal, il est plus... comment dirai-je en termes polis ? — plus *coupable* encore qu'il n'en a l'air.

Mais achevons l'histoire du député.

Son département ne lui garda pas
rancune de l'imprudence qu'il avait
commise en frayant la route à la seconde
République. Sur quinze députés à élire,
M. Havin sortit le premier de l'urne en
1848. Il alla siéger à l'Assemblée constituante.

« A part la question du bannissement
de la famille d'Orléans, dit Vapereau, et
celle des deux Chambres, il vota jusqu'au
10 décembre avec la droite dans les
questions politiques et sociales. Après
l'élection présidentielle, il se rapprocha
du . parti démocratique et s'efforça de
prolonger l'existence de la Constituante
par ses votes sur l'énumération des lois
organiques et sur la proposition Rateau.
Elu membre du conseil d'Etat, il donna
sa démission de représentant le 20 avril
1849. M. Havin resta quatorze ans en
dehors des assemblées législatives. En
1857, il fut porté à Paris comme candidat au Corps législatif par une fraction

de l'opposition démocratique ; mais il se désista en faveur de M. Alfred Darimon. Candidat de l'opposition en 1863, il fut élu à la fois à Paris et dans la première circonscription de la Manche. »

Notre homme opta pour son département, où déjà, en 1861, malgré l'opposition du pouvoir, il avait été réélu membre du conseil général pour le canton de Thorigny.

Voici un portrait tout neuf de M. Havin, crayonné par la *Revue* cosmopolite.

« Au physique, dit-elle, c'est un homme grand et paterne qui allie, on ne sait comment, la sérieuse affectation d'un notaire à la morgue narquoise d'un commerçant enrichi. A la Chambre, s'il parle, ou plutôt s'il lit, il est sonore, et aussi vide que sonore, lourd avec des prétentions à la précision et à la profondeur. Son attitude est rigide, presque noble : c'est bien l'homme qu'on sculpte — en fourneau de pipe. »

V

Mais le véritable Havin n'est pas à la Chambre. Il y produit tout au plus l'effet d'une nébuleuse.

Le Havin-étoile, le Havin complet et radieux, ne développe son éclat et ses splendeurs intellectuelles que dans les bureaux de son journal.

C'est là qu'il trône avec une majesté dont rien n'approche.

C'est là que ce grand homme, — populaire au delà de tout ce qu'on peut dire, puisque les fumeurs, dont notre pays abonde, ont demandé sa tête et l'ont fait sculpter tout exprès pour la bourrer de tabac en guise de cervelle, — c'est là, dis-je, que le *père Havin*, ainsi nommé par des subalternes un peu libres, mais affectueux, façonne dans le large pétrin de la libre-pensée les gâteaux délicats qu'il distribue chaque jour à nos villes et à nos campagnes.

Depuis la mort de Louis Perrée, un vote unanime des actionnaires lui a donné le pouvoir absolu.

Car le *Siècle* a des actionnaires, qui fourrent dans leur sac le produit de la vente quotidienne de toutes les pâtisseries de la boutique. Ils ont bien soin de ne pas laisser le commerce se ralentir.

Servez chaud, morbleu !

Peu importe la qualité de la farine et de la pâte. Si l'indigestion fait regorger la caisse, vive l'indigestion !

Le père Havin administre à sa guise, en véritable autocrate, et les intéressés l'honorent d'une pleine confiance. Il coupe, tranche, rogne, allonge ou raccourcit les articles, rédige des interpellations à l'Europe, manipule avec soin les appels divers aux cinquante mille abonnés dont il empoche chaque matin les *trois sous*, et remplit au mieux les fonctions solennelles dont on l'a jugé digne.

En politique il joue le rôle de marteau.

Mais, si la question vient à se poser 'sur le terrain religieux, le marteau devient assommoir ou massue.

Le Saint-Père et les catholiques n'ont qu'à bien se tenir. Hercule-Havin les rappelle à l'ordre avec un aplomb merveilleux, et le protestantisme, religion très-sympathique aux libres-penseurs, a seul droit à ses égards.

Il ouvre au besoin les énormes infolios où les Pères de l'Église ont commenté la doctrine, signale à Rome certains passages dont il affirme audacieusement qu'on a perdu le souvenir, fulmine contre cet oubli des imprécations magnifiques, tance vertement les théologiens modernes et donne aux buveurs de bière la plus haute idée de sa science cléricale.

A tout propos l'épiscopat français reçoit de ce brave homme des admones-
tations curieuses et d'une logique incon-
nue jusqu'à ce jour.

Ou mieux encore, l'honnête directeur
et sa rédaction se livrent sur les mande-
ments de nos évêques à des plaisanteries d'un goût adorable, que les culotteurs de pipes reproduisent entre deux
bouffées de tabac. Ces plaisanteries font
en un clin d'œil le tour des cabarets de
France, au milieu des éclats de rire
d'une population choisie de démagogues
et d'ivrognes.

C'est charmant !

Si quelque prêtre, infidèle à ses de-
voirs, cause du scandale et s'expose aux
censures ecclésiastiques, le *Siècle* prend
sa défense avec un dévouement sublime
et une charité sans bornes. Il n'examine
pas quelle peut être la gravité de la
faute, — à quoi bon ? — L'essentiel est de
crier au despotisme, à l'arbitraire, à

l'intolérance, et de justifier le coupable en maudissant le juge.

Qu'un ordre régulier, qu'une association pieuse vienne à se fonder à Paris ou en province, le père Havin s'indigne contre l'envahissement clérical, ne s'informe jamais du but chrétien de l'œuvre, condamne en bloc tout ce qui s'assemble pour aider le pauvre dans l'infortune, pour bénir et pour prier, déclare carrément que les hommes ne doivent s'unir en corporation que pour fricoter et pour boire, et s'empresse d'accorder à la franc-maçonnerie toute l'estime, toute la sympathie et tout le respect dont il déshérite la Société de saint Vincent de Paul.

Il faut bien se garder de faire honneur au père Havin de la forme plus ou moins correcte des articles qu'il signe et de lui attribuer le style plus ou moins élégant des discours dont il donne lecture à la Chambre.

Le cher directeur est en bisbille avec la syntaxe et rarement il se trouve en mesure de satisfaire aux exigences orthographiques.

Tour à tour la plume complaisante des la Bédollière, des Jourdan, des Léon Plée, rectifie, corrige, rature les pages griffonnées par leur illustre patron. Si elles gardent, après cette lessive littéraire, une foule de stupidités politiques ou religieuses, fort bien ! mais au moins elles se trouvent expurgées de solécismes et de fautes d'orthographe.

Dès qu'on abandonne à lui-même le style de ce monsieur, on trouve quelque chose d'analogue à la rédaction de cette affiche à la main, copiée dans une ville du Midi :

« Logement à louer sur le derrière du boulanger qu'on peut couper en deux. »

VI

Parlons net et parlons bien.

Si l'homme qui se charge de la direction d'un journal comme le *Siècle* est convaincu de la vérité des doctrines développées sous son patronage, il est profondément à plaindre ; mais je ne crois pas que l'hypothèse d'une bonne foi, même absolue, le dégage de la responsabilité sociale qu'il encourt.

Et si M. Havin, comme tout porte à le croire, ne voit dans ses fonctions qu'une excellente et très-lucrative affaire, un moyen d'enrichir ses bailleurs de fonds et de s'enrichir lui-même, le cas alors devient fort simple et tombe, à notre avis, sous le coup de la vindicte publique.

Qu'est-ce qu'un journal ? c'est un enseignement.

Un enseignement sérieux donné au

peuple par la voie la plus facile et la plus prompte, et qui arrive droit au but, c'est-à-dire à la propagation immédiate et certaine ; un enseignement que vous n'êtes pas obligé d'aller chercher, mais qui vient à vous chaque jour avec une régularité de pendule, qui vous trouve au lit le matin, à l'heure du réveil, avant que vous ayez pu seulement élever votre cœur à Dieu, s'empare en despote de vos premières impressions, passe entre les mains de votre compagne, de vos enfants, de vos domestiques, et rôde familièrement d'un bout à l'autre de la maison, appelant les regards et la lecture de tous.

Voilà le journal et ses allures.

Nous mettons les rédacteurs du *Siècle* au défi de soutenir qu'il y ait ici-bas un moyen plus infaillible de propager ce qu'on enseigne.

Est-ce un bon journal ? — qu'il soit le bienvenu.

C'est un messager joyeux, souriant, qui vous apporte l'amour de l'ordre et du devoir ; c'est un ami sincère, dont la parole affectueuse et calme vous maintient dans le droit sentier, s'oppose aux écarts de la passion, vous encourage, vous montre ce qu'il faut aimer comme ce qu'il faut haïr, et vous mène en droite ligne à la paix, à la vertu, au bonheur.

Mais le journal impie, le journal de désordre, qui supprime le respect pour les institutions et cherche à flétrir les caractères les plus dignes d'estime ; le journal ennemi du Christ et démoralisateur de la famille, qui prêche des doctrines subversives de l'avenir social d'une part, et de l'autre le mépris des croyances religieuses ; le journal qui veut dresser une statue à l'être le plus infâme, au coquin le plus impudent, au blasphémateur le plus sinistre dont l'audace ait jamais épouvanté le monde, — ce journal de l'opprobre et de l'imposture, nous n'en voulons pas, — arrière !

Ouvrez l'oreille, et retenez ceci, monsieur Léonor-Joseph Havin, directeur du *Siècle* :

La loi, forcée d'être indulgente pour tous les citoyens, respecte leur liberté, même quand cette liberté s'égare, et nous n'avons à invoquer contre vous ni la rigueur ni les répressions de la loi.

Mais nous sommes chrétiens et catholiques.

Vous vous nommez *bande* et nous nous appelons *armée*. Les neuf dixièmes de la France, fille aînée de l'Église, de la grande nation qui adore la croix et veut rester fidèle à la religion catholique, apostolique et romaine, sont pour nous et contre vous.

Donc nous avons le droit de vous dire que votre journal est odieux et satanique.

Nous protestons de toute la force de

nos croyances et dans la plus chaleu-
reuse indignation de notre âme contre
vos détestables principes, vos doctrines
révolutionnaires, votre manque absolu
de vénération pour les choses sacrées,
contre vos arguties malséantes et la
guerre déloyale que vous faites à l'É-
glise. Nous protestons contre les commis
à votre solde qui, pour rédiger cette
feuille impure, trempent leur plume
dans la fange la plus noire et la plus in-
fecte du mensonge.

Voilà qui est dit, sans ambages et
sans détours, — poursuivons.

VII

Dans les premiers mois de l'année
1867, — je tiens ce détail de personnes
bien informées, — une réunion des actionnaires du *Siècle* constatait ce fait
plein d'alarmes, savoir que le registre
des abonnés diminuait chaque jour..

Quelle peut être la cause de cette décroissance fâcheuse du chiffre de tirage? Probablement le succès des feuilles périodiques à cinq centimes. Le *Petit Journal*, la *Petite Presse* et le *Petit Moniteur* nuisent aux grands journaux et transvasent dans leur caisse l'or du *Siècle*. Comment arrêter ce désastre ?

Les actionnaires répondent :

— Redoublez d'efforts, écrivez des articles intéressants, soyez même spirituels, si c'est possible, et faites au besoin quelque scandale.

Braves actionnaires !

— Ils ont raison, c'est le scandale qui nous manque, se dit Léonor-Joseph. Coupons de nouveau la queue du chien d'Alcibiade. L'essentiel est de ne pas rater l'effet que nous voulons obtenir.

On tient conseil entre rédacteurs.

Les avis les plus saugrenus, les propositions les plus renversantes défilent

tour à tour devant le fauteuil magistral
du père Havin qui s'écrie :

— Mieux que cela, j'ai mieux que
cela ! Voltaire, le patron du *Siècle*, n'a
point encore de statue sur nos places
publiques, — comprenez-vous ?

— Bravo ! fit toute la bande en chœur.
Taillons les plumes à l'instant même :
un premier-Paris pour la statue de Voltaire !

— Pas si vite, préparons nos batte-
ries ; il faut que le coup porte, dit Léonor-Joseph.

Ainsi fut pondu l'œuf de ce mons-
trueux scandale.

Tous les rédacteurs s'empressent de
le couver avec précaution, avec amour.
Enfin la coquille se brise : un article si-
gné du père Havin s'en échappe et s'é-
tale sur les premières colonnes du *Siècle,*
annonçant la plus effrontée des apo-
théoses.

Oui, ce vieillard de soixante-huit ans,

qui touche aux portes de la mort, ne frissonna point en assumant sur sa tête blanchie l'initiative d'un pareil outrage à la morale publique !

Savez-vous ce que vous avez fait là, Monsieur ?

Vous avez jeté sur vos épaules une autre robe de Nessus, qui s'y attachera cruellement et sera l'angoisse de votre dernière heure.

Proposer de souscrire pour une statue de Voltaire ! y songez-vous ? Mais c'est une insulte au Christ, dont cet homme a été l'ennemi le plus acharné, le plus implacable. Si votre métier de libre-penseur ne vous permet pas de comprendre le sacrilége, au moins devriez-vous reculer devant une autre insulte, que personne au monde ne vous pardonnera, — devant une insulte à la patrie.

Ouvrez de nouveau l'oreille : voici la confirmation de ce que j'avance.

En 1732, Voltaire, menacé du châtiment des lois après avoir fait imprimer les *Lettres philosophiques*, se sauva de la capitale et alla demander refuge à la plus éhontée de ses maîtresses, qui habitait un château sur les confins de la Champagne et de la Lorraine.

Il traversa Domremy, village historique, où se trouve encore debout la maison de Jeanne d'Arc.

Le respect des habitants, la vénération des étrangers pour cette pauvre cabane offusquèrent le philosophe, — et là même où, chez tout autre, le cœur bat de patriotisme et de pieux souvenir, l'idée vint à ce démon de composer une œuvre inique, un poëme ordurier.

Qu'un homme poussé par l'enfer, et brisant toutes les digues de la morale et de la pudeur, arrive à ce comble d'abomination, soit.

Mais ce qui ne se comprend plus, Monsieur, c'est l'aveuglement de votre âme, c'est l'excès de déraison qui vous pousse à exalter un pareil apôtre et à remuer de nouveau la fange de ses doctrines.

Non content d'ériger la statue à l'homme, vous publiez ses œuvres à bas prix.

Vous cherchez à lui donner des lecteurs dans les classes populaires, où vous allez infiltrer sa pourriture et son venin.

O Jeanne d'Arc ! fille héroïque, glorieuse enfant de ma vieille Lorraine, tu ne te doutais pas, le jour où tu as pris le glaive pour chasser l'Anglais victorieux et pour nous conserver la France, qu'un scélérat appelé Voltaire souillerait ta chaste mémoire et cracherait l'ignominie sur la cendre de ton martyre !

Tu ne te doutais pas non plus qu'un soi-disant honnête homme, un bourgeois du dix-neuvième siècle, appelé Léonor-Joseph Havin, publierait en France, tout exprès pour le peuple, une édition à bon marché de *la Pucelle*.

Honte et dégoût !

VIII

A peine le coupable journal eut-il annoncé la souscription, que la presse démocratique donna le spectacle d'un débat inouï, où l'on trouve la mesure exacte de sa moralité.

Le *Courrier français*, organe d'une autre philosophie antichrétienne, et qui s'applique à propager les jolies doctrines de feu Proudhon, le *Courrier français*, dis-je, flaira la question de boutique.

Il faillit se pendre de n'avoir pas eu pour lui-même et pour l'exploitation de la matière abonnable la précieuse et féconde idée de Léonor-Joseph. En conséquence il attaqua le *Siècle* et son directeur, donnant pour prétexte que M. Havin n'était pas digne d'élever une statue à Voltaire.

Est-ce à dire que le rédacteur en chef

du *Courrier français* réclame person-
nellement cette besogne ?

Alors nous voici loin de l'opinion du
comte de Maistre, qui proposait de con-
fier l'érection de cette statue à un tout
autre personnage.

Voyez-vous les incrédules modernes et
leurs lecteurs, — je veux dire les bourgeois et les artisans corrompus, dont la
satisfaction la plus vive est d'applaudir
aux gredineries voltairiennes, — se que-
reller devant le marbre triomphal, pour
savoir à qui remplacera le bourreau ?

Remplacez-le, si bon vous semble,
honnêtes démagogues : ce sera moins
cruel et aussi peu honorable.

Quand le *Siècle* publia ses premières
listes il y eut un éclat de rire presque
universel.

Pas un des souscripteurs ne signe
franchement, loyalement, comme doit le
faire dans un acte public tout individu
qui se respecte. Ils se cachent sous

l'anonyme, sous des désignations plus ou moins stupides et sous des noms de guerre.

Détachons quelques perles de cet écrin burlesque :

« Mahomet. »

« Confucius. »

Deux signatures données, l'une par un Turc du faubourg Saint-Antoine, l'autre par un Chinois de la rue Mouffetard.

« Un *Jésuitophobe.* »

Parbleu ! nous attendions celui-là dès le début. Mange du jésuite, mon brave abonné, — tu ne mangeras pas tout.

« Un huguenot. »

Si les ancêtres de ce quatrième souscripteur n'ont pas connu Voltaire, ils ont du moins transmis au vieux loup de Ferney l'héritage du blasphème, et leur descendant s'en fait gloire. Honnête huguenot, le père Havin te bénit et t'admire !

« Chose. »

« Giroflée. »

« Gouttière et Charmille. »

« Cerfeuil. » ·

Ont-ils de l'esprit ces gaillards-là ?
Voyez l'avantage de lire tous les ma-
tins un journal qui stimule l'imagina-
tion et forme le goût !

« Deux tanneurs. »

« Deux bonnes pensées.. »

J'aime le rapprochement de ces deux
couples.

« Pour son père, voltairien, mort en
1834. »

Mort sans le secours de l'Eglise, bien
entendu, et lorsque les *Solidaires*
n'étaient pas encore inventés, — quel
souvenir de famille honorable et conso-
lant !

« Un neveu. »

Tout seul, — et son oncle ?

« Un ami des libertés. »

« Un solidariste. » (Bravo !)

« Jules, — Jules (ils sont deux, —

frères de nom, frères de doctrine), partisans de la solidarité humaine. »

C'est-à-dire de la noble association mentionnée ci-dessus, où l'affilié s'engage à mourir comme un chien et à être enterré de même.

« Un élève reconnaissant de Léon Plée. »

Oh ! merci pour ce brave Léon, merci !

« Un sous-abonné du *Siècle*. »

Pauvre diable qui n'a pas le moyen de payer l'abonnement direct et auquel on ne sert que le plat du lendemain,— point de chance.

« Un homme convaincu qu'on ne peut pas abuser de la logique. »

Ah ! pour le coup, celui-là n'a jamais lu le *Siècle*. J'en prends à témoin le père Havin lui-même. Biffez cette souscription, elle a été surprise. Il est défendu de tricher.

« Un voltairien en retrait d'emploi. »

Persécuté sans doute par quelque jésuite, le malheureux !

« Un voltairien *qui a des idées.*

Vite, enrôlez cet homme pour le journal, monsieur le directeur ! Attachez-le à votre service et prenez aux cheveux l'occasion. *Des idées,* peste ! — hâtez-vous.

« Un homme qui préfère Voltaire à saint Dominique. »

Très-gentil !

Mais voilà saint Dominique bien désolé. Après tout, si Voltaire est content, ce n'est qu'un petit malheur. N'allons pas plus loin du côté des hommes et passons au côté des dames.

« Une lectrice du *Siècle* à Montreuil-sous-Bois. »

Pays où mûrissent les pêches et quelques aimables personnes retirées d'un commerce qui ne s'avoue pas.

« Une *dévote* convertie à Voltaire. »

Miséricorde ! est-ce possible ? Au

moins fallait-il signer, Madame. On désire naturellement connaître une personne aussi judicieuse, afin de lui demander le motif de cette conversion remarquable. Au fait, tout le monde le devine, — excepté le mari.

« Une mère de famille anglaise (de Birmingham), qui vénère la mémoire de celui qui a béni les enfants de Franklin, au nom de Dieu et de la liberté. »

Sainte et digne femme ! Un pleur d'attendrissement mouille la paupière.

« Une dame voltairienne. »

« Une jeune dame *catholique* qui aime Voltaire. »

Ouf ! arrêtons-nous, voici le bouquet. Je me refuse absolument à continuer la lecture de ces listes pleines d'émotions et de surprises.

Vous allez me dire que la charmante personne qui aime Voltaire, n'est pas plus catholique évidemment que ne l'était lui-même cet écrivain - pourceau.

N'importe, je doute que le Catholicisme et saint Dominique puissent jamais se relever d'un pareil coup.

Pitié, Léonor-Joseph, pitié ! n'abusez pas de votre triomphe et soyez généreux ! Cela sied aux grands cœurs.

IX

Eh bien, là, franchement, est-ce assez ridicule ?

Croyez-vous qu'il soit possible de parcourir à pas de géant plus démesurés le grand chemin de la bêtise et de l'absurde ? Le rire éclate, et cependant il y a sur ces listes des choses graves, — par exemple cette mention de la dix-neuvième, qui porte :

« Un chef d'institution et son personnel, — 2 fr. »

« Un instituteur et sa famille, — 2 fr. 50 c. »

« Soixante élèves de philosophie, rhétorique, mathématiques spéciales et mathématiques élémentaires du lycée de Strasbourg, — 36 fr. 50 c. »

Et, dans la trentième liste, le *Siècle* inscrit avec orgueil :

« Cent élèves du lycée Saint-Louis. »
Aimables jeunes gens !

Où donc étaient les proviseurs des lycées de Strasbourg et de Paris, quand ces polissons eurent l'audace de s'inscrire sur le registre havinesque ? Et si les proviseurs sont complices des élèves, les familles n'ont-elles pas le droit de porter plainte à M. le ministre de l'instruction publique ?

Invoquer la pudeur du *Siècle*, — inutile.

Essayer de faire rougir les rédacteurs de ce journal, — impossible.

Si vous en voulez la preuve, écoutez M. Louis Jourdan prodiguant l'éloge à un poëte voltairien qui entre à peine dans sa vingtième année :

« Un charmant volume de vers, pleins
de sève et de vigueur, dit-il, vient de pa-
raître. Il y a pour titre significatif : *Les
jeunes croyances.* Nous empruntons à
ce recueil un sonnet intitulé *Samson.* »

Voici le sonnet :

Tu dors content, Voltaire, et de ton fin sourire
L'ironique reflet parmi nous est resté ;
Le siècle t'a compris, *la jeunesse t'admire ;*
Toi, tu sommeilles calme *et dans ta majesté.*

L'édifice pesant que tu voulais détruir›
Debout, menace encore l'aveugle humanité,
Et, *radieux défi*, l'éclair de la satire
De la nuit qui l'entoure est la seule clarté.

Nous t'aimons, ô vieillard ! ta colère était sainte.
Nous allons embrasser dans une immense étreinte
Les colonnes du temple où règnent les faux dieux.

Les Philistins mourront sous les ruines sombres ;
Mais Samson cette fois surgira des décombres
Avec la liberté vivante dans les yeux.

N'est-ce pas admirable ?

Une jeunesse de cette force-là, que l'ac-
cueil sympathique du journal de Léonor-
Joseph soutient, encourage, électrise,

doit faire envisager l'avenir sous un aspect très-rassurant.

Pour moi je le trouve couleur de rose.

« M. Havin, dit Louis Veuillot, préside une œuvre complète, harmonieuse, chaussée et couronnée ! Il n'y dépare rien pour son compte et rien ne l'y dépare. La harpe prophétique de M. Jourdan, le galoubet de M. de la Bédollière, le trombonne de M. Plée, et tout ce qu'il y a de mirlitons et de serinettes dans ce vaste temple de la décomposition, forment un orchestre très-digne du pontife et des oracles. C'est une harmonie de l'absurde où l'oreille et l'esprit, d'abord épouvantés, finissent par se reconnaître. Tant il est vrai que le chaos lui-même a ses lois, ou plutôt qu'il est lui-même une loi : la loi de l'ordre violé, par laquelle invinciblement l'ordre un jour sera rétabli quand le désordre aura fait ce qu'il doit faire ! Mais ceci est une idée un peu

forte pour le clan havinien. Tournons
court.

« Ainsi ils vont faire leur statue de
Voltaire, — Et comme cela est logique,
que Voltaire devienne le saint et le dieu
officiel de cette église ! Nous avons été
lents à le comprendre. Les lois de l'ordre
moral sont plus savantes que nous. Elles
poussent le fait fatalement, en dépit de
la raison humaine qui objecte, s'obstine
et déclare le fait impossible. Il est clair
pour nous maintenant qu'il n'y avait
qu'un cerveau ou qu'une cuisse d'où la
statue de Voltaire pût sortir, le cerveau
ou la cuisse — nous n'y tenons pas —
de M. Havin. Ce cerveau ou cette cuisse
étant donnés, la statue de Voltaire en
devait sortir. La voilà qui sort.

« Cet enfantement les comble de joie.
Ils s'en glorifient, mais en se donnant
des airs modestes de bienfaiteurs de la
civilisation. Certes, ils n'ignorent pas ce
qu'ils valent et ce qu'ils peuvent, et ils

veulent qu'on le sache bien ! Ils ont
constitué un comité de quarante et un
accoucheurs, « hommes *considérables*
dans les lettres, dans les sciences et dans
les arts [1], » pour aider M. Havin au
surplus de sa besogne. »

X

Voici les noms de ces quarante et un
accoucheurs. Ils méritent de passer à la
postérité.

ARLÈS DUFOUR, négociant ; — AUGIER
(Émile), de l'Académie française ; —
BARYE, statuaire ; — BEAU (Pascal), ou-
vrier mécanicien ;— BERTRAND (Joseph),

1. Au dire du *Siècle,* bien entendu, — car
beaucoup de ces hommes ne sont pas considérables du tout. D'ailleurs, ni M. Louis Veuillot,
ni aucun écrivain bien pensant ne fera l'éloge,
en pareille circonstance, des commissaires
choisis par M. Havin. Tant pis pour eux s'ils lui
prêtent leur concours ! Cet acte seul les décon-
sidère.

de l'Institut, professeur à l'École poly-
technique ; — CARNOT, député ; — CHE-
VALIER (Michel), sénateur ; — COQUEREL
fils, pasteur de l'Église réformée ; —
CORBON, ancien vice-président de l'Assemblée constituante ; — CRÉMIEUX,
avocat, ancien ministre, président de
l'Alliance israélite ; — DESCHANEL (Émile), de l'École normale ; — DESNOYERS
(Louis), directeur de la partie littéraire
du *Siècle ;* — DAUBIGNY, peintre ; —
DELAUNAY, de l'Institut ; — DESMAREST,
ancien bâtonnier de l'ordre des avocats ;
— DURIER, avocat à la cour d'appel de
Paris ; — FAVRE (Jules), député ; —
GARNIER-PAGÈS, ancien ministre des fi-
nances, député ; — GIRARDIN (Émile de),
rédacteur en chef de la *Liberté ;* — GUÉ-
ROULT, député, rédacteur en chef de l'*O-
pinion nationale ;* — HAVIN, député,
directeur politique du *Siècle ;* — HÉ-
ROLD, avocat à la cour de cassation ; —
JOURDAN (Louis), rédacteur du *Siècle ;*

5.

— LEBLOND, ancien représentant du peuple ; — LEGOUVÉ, de l'Académie française ; — LITTRÉ, de l'Institut ; — MAGNIN, député ; — MARTIN (Henri) ; — MATHIEU, de l'Institut, membre du bureau des longitudes ; — MÉRIMÉE, sénateur ; — MICHELET, de l'Institut ; — PELLETAN (Eugène), député ; — PEYRAT, rédacteur en chef de l'*Avenir national ;* — PLÉE (Léon), rédacteur du *Siècle ;* — PONSARD, de l'Académie française , — QUINET (Edgar), ancien représentant du peuple ; — RENAN, de l'Institut ; — SAINTE - BEUVE, sénateur ; — SIMON (Jules), député, membre de l'Institut ;— TERRÉ, président du conseil de surveillance du *Siècle ;* — SCHAFFER, trésorier de la souscription.

Le *Siècle* ajoute en note, avec un renvoi accolé au nom de Ponsard :

« Dans une réponse à M. Havin, réponse du style le plus charmant et le plus élevé, M. Ponsard avait accepté de faire partie de notre commission. Nous maintenons dans notre liste le nom du poëte mort, comme un hommage à sa mémoire. »

Malheureux auteur de *Galilée*, toi qui as paru devant le Juge Suprême, quelle rage ont-ils de venir ainsi parader sur ta tombe !

Au moment où nous écrivons ces lignes, une *Histoire de Voltaire* est publiée par M. l'abbé Maynard. Si le directeur du *Siècle* ose la lire, nous le mettons au défi, quel que soit son cynisme, de ne pas sentir à chaque page la honte lui brûler le front.

« Joseph de Maistre proposait d'élever à Voltaire une statue par la main du bourreau. Pour employer le bourreau, il faut d'abord un jugement. M. l'abbé Maynard a rempli cette clause essentielle : il a instruit la cause et prononcé l'arrêt. Il n'a pas plaidé. Son livre est sans passion, sans colère, quelquefois

même on le voudrait plus irrité. Mais l'é-
crivain est prêtre ; il voit ce que cette
âme malheureuse a porté au tribunal de
Dieu ; il songe au terme où va ce triom-
phateur, à cette mort sans repentir, après
de telles œuvres et une telle vie.

« Quel besoin a-t-il d'accuser ? Il expose ; son but n'est pas de charger le
coupable, il ne veut qu'éclairer la
conscience publique devant laquelle ce
coupable est cyniquement et stupide-
ment glorifié. La glorification de Vol·
taire est un attentat contre le genre humain, une insulte à toute justice, à toute
pudeur, à tout bon sens. Il fallait montrer qu'un homme ne fait pas métier
d'outrager Dieu sans se mettre en dehors de l'humanité, et que Voltaire eut
au delà du contingent de vices ordinaire
à l'espèce. Voilà un point établi sur piè-
ces authentiques. A présent la statue
peut venir : qui que ce soit qui l'élève,
celui-là sera le bourreau.

« Et quand tout le genre humain s'y
mettrait et ferait de cette statue d'ignominie une idole, cela ne prouverait
qu'une chose qui fut le crime de Voltaire : l'avilissement du genre humain [1]. »

XI

Le *Siècle* a toutes les impudences et
toutes les audaces.

Ayant terminé le premier volume de
son édition des œuvres complètes de
Voltaire, il envoya ce volume à monseigneur Dupanloup, — bravade imbécile,
qui eut sa riposte immédiate, calme, so-
lennelle, — et surtout écrasante pour la

[1]. Extrait du compte-rendu de M. Louis
Veuillot sur l'*Histoire de Voltaire*. Nous recom-
mandons ces pages écrites avec le splendide talent de l'auteur et sa conviction chrétienne la
plus énergique. Elles ont été publiées par l'*Uni-
vers* dans les derniers jours de septembre 1867.

volée de pierrots insolents qui venaient
s'attaquer à un aigle.

J'aurais voulu pouvoir examiner la fi-
gure du directeur du *Siècle*, lorsqu'il dé-
cacheta la réponse du grand évêque et
parcourut les lignes suivantes :

« Orléans, 12 septembre 1867.

« Monsieur,

« J'ai reçu ce matin le premier volume
des Œuvres de Voltaire, que vous avez
jugé à propos de m'envoyer, en m'invi-
tant à y lire l'article sur la *Tolérance*.

« Permettez-moi de vous offrir en re-
tour le volume de l'*Existence de Dieu*,
de Fénelon. J'oserai y joindre l'*Athéisme
et le Péril social*, opuscule que j'ai pu-
blié il y a quelques mois, dans lequel le
Siècle est cité plus d'une fois, comme il
était juste, et où vous trouverez sur Dieu
des textes que vous reconnaîtrez.

« J'avais lu, Monsieur, et je viens de re-

lire dans votre volume cet article sur la
Tolérance. Je n'y ai rien trouvé qui
puisse me décider à tolérer ce que j'ai
flétri dans mon discours de Malines, ce
que l'évêque d'Orléans et de Jeanne
d'Arc a dû nommer une *statue à l'infa-
mie personnifiée.*

« Je n'ai pas toléré non plus, j'ai flétri, un jour, le misérable évêque de
Beauvais qui condamna Jeanne d'Arc, et
c'est ce que le pape Calixte III avait fait
avant moi.

« Et vous, Monsieur, si quelqu'un
imaginait de faire élever une statue à
l'infâme Cauchon, je voudrais bien savoir quel article sur la tolérance vous
ferait tolérer une telle indignité.

« Eh bien, Monsieur, si Cauchon a
fait brûler Jeanne d'Arc, Voltaire a fait
pire, vous le savez. Vous parlez et vous
agissez autrement que moi ; mais, au
fond, vous pensez comme moi.

« Je maintiens donc ce que j'ai dit à Malines.

« Que si votre vertu a été surprise et a besoin ici d'être éclairée, je suis prêt à le faire, dans vos colonnes ou ailleurs. Et je me servirai pour cela, si vous voulez, de l'édition même que vous publiez. Vous pouvez, dans ce cas, me faire envoyer les volumes suivants par votre libraire.

« J'ai l'honneur d'être votre trèshumble serviteur.

« † FÉLIX, Evêque d'Orléans. »

Oh ! ce n'est pas fini, messieurs du *Siècle !* Le flot de l'indignation publique monte chaque jour et gronde autour de vous. Sans être prophète, je vous annonce que cette histoire de statue finira mal et que le mépris universel tombera sur vous comme une avalanche.

Et d'abord, pourquoi ne publiez-vous

pas, dans vos listes, les protestations
que des hommes courageux y ont écrites
plus d'une fois, sous l'œil de vos agents?

Il y a deux ou trois mois, en Breta-
gne, par une chaude journée d'août, un
touriste, après avoir visité la Torche et
la côte pittoresque de Pennemark, entre
dans un café pour se rafraîchir. On lui
apporte, avec un sirop de groseille, un
papier couvert de griffonnages et de sou-
illures, — immonde à toucher, hideux à
voir.

C'était votre fameuse liste.

Elle avait couru sans beaucoup de ré-
sultat tous les cabarets de l'endroit.

Le touriste jeta les yeux sur les ins-
criptions les plus récentes. Il lut : —
Un abonné du *Siècle*, dix centimes. » —
« Un prêtrophobe, *vingt-cinq centimes.* » — « Un admirateur de Voltaire,
quinze centimes. »

— Bien, dit-il, passez-moi la plume.

Il écrivit aussitôt :

« Pour montrer aux yeux de la France les traits ignobles de celui qui a trahi son Dieu et sa patrie, *cinquante centimes.* »

Et il jeta sur la table une pièce de dix sous.

— Qu'avez-vous donc ? dit-il ensuite, regardant autour de lui et bravant les exclamations menaçantes des libres-penseurs du lieu : la souscription est publique ; j'use de mon droit, et je la motive !

Léonor-Joseph n'a raconté dans son journal ni cette anecdote, ni une foule d'autres de même nature.

Quant aux protestations, s'il les imprimait, ce serait honnête.

Il ne les imprime pas.

XII

Autant que possible M. Havin cherche à sauver les apparences, et la chose n'est pas facile.

Tous les abonnés infidèles sont revenus. La caisse aujourd'hui déborde de droite et de gauche. Sur trente-cinq millions d'individus dont la population de la France se compose, il y a toujours à peu près cinquante ou soixante mille vauriens, démagogues, incrédules ou cabaretiers, qui se délectent du scandale, appuient de leur propagande la feuille qui l'exploite et ne manquent plus, depuis les admirables polémiques soulevées par la souscription, d'envoyer contre quittance leur renouvellement trimestriel et celui de leurs amis.

Fort bien !

Mais Léonor-Joseph, avec les écus, voudrait un peu de considération, et, de ce côté, le but s'éloigne de plus en plus chaque jour. Il ne renonce pas néanmoins à l'atteindre et se pose en homme profondément offusqué des attaques dont il est l'objet.

— En quoi suis-je condamnable, et que peut-on me reprocher? s'écrie-t-il. Je regarde Voltaire comme un grand philosophe et comme un sage. Les opinions sont libres, ce me semble. Chez un écrivain de génie quelques légèretés sur le chapitre des mœurs, des plaisanteries plus ou moins sérieuses à l'adresse de la superstition, ne constituent pas un crime irrémissible.

Oui, lecteur, voilà comme ces messieurs raisonnent!

Et pour conclusion de ce beau discours Léonor-Joseph ajoute, en se drapant comme un citoyen de Sparte:

— Ai-je fait un pas, un seul, en dehors du programme convenu? Je suis incorruptible, et je l'ai prouvé. Tous ceux qui m'entourent marchent dans la même ligne, et je sais au besoin les y contraindre. Vilbort a dû rendre à M. de Goltz certaine croix de l'Aigle rouge, et j'ai mis Léon Plée dans l'alternative de choisir entre le ruban de la Légion-d'Honneur et les quinze mille francs d'honoraires qu'il touche à la rédaction. [1] C'est de l'indépendance véritable et de la dignité, j'imagine?

Non, Monsieur, c'est de la comédie!

Et personne, croyez-le bien, ne s'y laisse prendre.

Vos prétentions à la franchise, votre programme immuable, vos sévérités apparentes, vos dédains du ruban, lorsque ce n'est pas à vous qu'on le don-

1. M. Vilbort, auteur de correspondances fort goûtées des lecteurs du *Siècle* et de Bismark pendant la guerre contre l'Autriche, avait obtenu du ministre prussien un témoignage de reconnaissance, — et M. Léon Plée devait sa croix à des services rendus comme membre du jury de l'Exposition universelle.

ne, — farce, charlatanisme, duperie !

Sous le Havin spartiate se cache le faiseur inhabile qui montre la ficelle. Vous ne cherchez ni la dignité, ni l'indépendance ; votre seule préoccupation est le gonflement perpétuel du sac d'or. Foin de la morale, périsse la religion, pourvu que le coffre s'emplisse !

Escompter le scandale et vouloir se poser en homme pur, c'est vraiment risible.

Avez-vous entendu vos confrères de la *Situation* se moquer de vous ? Si je ne me trompe, ce sont ceux qui vous ont lancé l'épigramme que voici :

> Dans le régiment
> Dont Havin est le tambour-maitre,
> On bat la caisse incessamment.
> Par pur désintéressement.
> Qu'un tapin, à son détriment,
> Reçoive du gouvernement
> Un ruban, — il ne peut le mettre ;
> Ça ferait tache assurément
> Dans le régiment
> Dont Havin est le tambour-maitre.

Vous n'êtes pas fort, Monsieur. Toutes vos petites ruses sont devinées à l'instant même, et, lorsque vous jouez au bon apôtre, cela ne vous réussit guère.

Un jour, l'évêque de votre diocèse reçoit une visite inattendue.

Il se frotte les yeux et croit rêver tout simplement. L'homme qui s'incline avec respect devant lui, en le saluant du titre de Monseigneur, est un fort mauvais chrétien, très-connu du reste dans la province pour les soins qu'il donne à une publication détestable.

— Je viens adresser une requête à Votre Grandeur, dit le nouveau venu sur un ton de parfaite assurance.

— A moi ?... Vous me surprenez, répond l'évêque en souriant.

— Oh ! je vaux mieux que ma réputation, Monseigneur ! La presse a de pénibles exigences ; on n'est pas toujours le maître, hélas ! J'en sais quelque chose.

Ne me croyez pas ennemi de la religion,
car je viens ici faire un acte de foi.

— J'en suis enchanté. Mais expliquez-
vous.

— Monseigneur, je vais marier ma
fille.

— Très-bien.

— Et je désire que le mariage religieux soit célébré à la cathédrale par
Votre Grandeur elle-même.

— Désolé, cher monsieur ; vous de-
mandez une chose impossible.

— Pourquoi, Monseigneur ?

— Vous allez le comprendre. Un évêque se doit à tous indistinctement. Si
j'accédais à une seule demande de ce
genre, il m'en arriverait bientôt par cen-
taines et je ne ferais plus que des ma-
riages. Or, il faut me réserver pour les
autres sacrements de l'Église.

— Mais, Monseigneur...

— Je vous en prie, n'insistez pas.

— Pardon !... je me croyais tellement

sûr d'obtenir de vous cette faveur, que ma fille et mon gendre futur sont en route pour venir vous remercier. Je leur ai donné rendez-vous au palais épiscopal.

— Est-ce que votre voiture est à la porte ?

— Non, je l'ai renvoyée, pour aller chercher les prétendus à une lieue d'ici.

L'évêque sonna.

— Vite, dit-il à son valet de chambre, faites atteler ! Monsieur va prendre mon carrosse.— Il ne faut pas, continua-t-il, en se retournant vers l'homme à la requête, me donner le chagrin d'un second refus. Allez prévenir vos enfants. C'est heureux que je ne les marie pas, croyez-moi : votre journal eût fait là-dessus d'interminables gorges-chaudes.

— Si c'est là votre crainte, Monseigneur, je vous jure que je saurai mettre obstacle....

— Bon ! que disiez-vous donc tout à

l'heure, cher monsieur? je prends acte de l'aveu qui est très-positif; vous aviez tort de prétendre que vous n'étiez pas le maître, et je vous engage, un peu dans l'intérêt de l'Église, un peu dans le vôtre, à un emploi de votre autorité plus utile et plus chrétien. Allons, sans rancune, ajouta l'évêque, reconduisant le visiteur confus de son échappée de langue. La voiture est prête, — je suis votre humble serviteur!

Le personnage sortit et monta dans le carrosse épiscopal.

Au milieu de l'humiliation causée par cette démarche infructueuse, il se félicitait de pouvoir cacher sa déconvenue et de traverser rapidement la ville, où quelques personnes informées le matin même de sa visite et de ses espérances, pouvaient l'arrêter et mettre son orgueil très-mal à l'aise.

Bientôt on fut dans la campagne, où

de nombreux villageois coupaient les blés.

Apercevant la voiture de l'évèque. figurez-vous, Monsieur, que ces bonnes gens s'empressèrent d'accourir et de se mettre à genoux sur la berge de la route.

Ils voulaient recevoir la bénédiction pastorale.

De l'intérieur du carrosse, on voyait le cocher faire de grands gestes et leur expliquer par signes qu'ils aient à reprendre leurs travaux, ce qui excita le personnage' dont je vous dirai le nom tout à l'heure à mettre la tête à la portière.

Tous les paysans le reconnurent.

Hommes et femmes, se levant aussitôt, prirent la fuite, eñ criant avec effroi :

« — Ce n'est pas Monseigneur, c'est le diable ! »

Or, ils ne se trompaient que de moitié.

L'individu cause de leur épouvante,

— il faut le nommer en toutes lettres au bout de l'histoire, — c'était vous-même : Léonor-Joseph Havin, directeur politique du *Siècle*, grand ami de Voltaire, et par contre-coup de celui dont ces braves villageois vous donnaient le nom.

Ah ! c'est cruel à dire, mais vous n'avez pas de chance avec les évêques !

Tâchez de les aborder à l'avenir d'une manière plus profitable à votre conversion et à votre salut.

FIN

Mirecourt. — Typ. L.-Ph. Costet & Cⁱᵉ.